Bibliografische Information der Deutschen Nationalbibliothek:

Die Deutsche Bibliothek verzeichnet diese Publikation in der Deutschen National-
bibliografie; detaillierte bibliografische Daten sind im Internet über http://dnb.d-
nb.de/ abrufbar.

Impressum:

Copyright © 2015 GRIN Verlag, Open Publishing GmbH
Druck und Bindung: Books on Demand GmbH, Norderstedt Germany
ISBN: 9783668482524

Dieses Buch bei GRIN:

http://www.grin.com/de/e-book/370047/trainingsplanung-fuer-ein-gesundheitsori-
entiertes-krafttraining

Paul Krieger

Trainingsplanung für ein gesundheitsorientiertes Krafttraining

GRIN Verlag

Deutsche Hochschule für
Prävention und Gesundheitsmanagement
Hermann Neuberger Sportschule 3
66123 Saarbrücken

Einsendeaufgabe

Fachmodul:	Trainingslehre I
Studiengang:	Fitnessökonomie
Datum Präsenzphase:	12.10. – 15.10.2015
Name, Vorname:	Krieger, Paul
Studienort:	Berlin
Semester:	**1. Semester**

Inhaltsverzeichnis

1 Diagnose

1.1 Allgemeine und biometrische Daten

Tab. 1 Allgemeine Daten von Herrn Mustermann

Alter	22 Jahre
Geschlecht	Männlich
Körpergröße	1,82 m
Körpergewicht	85 kg
Trainingsmotive	Muskulöser Körper, Kraftsteigerung
Berufliche Tätigkeit	Student
Aktuelle sportliche Aktivität	2 Jahre Krafttraining in einem Fitnessstudio (2x die Woche je 90 min pro Trainingseinheit, ohne Trainingsplanung) Leistungsstufe: Fortgeschritten
Frühere sportliche Aktivität	1 Jahre Fußball im Verein (Kreisliga, 2x die Woche Training je 120 min lang) Leistungsstufe: Fortgeschrittener
Zeitliche Verfügung	3 mal die Woche 2 Stunden Freizeit

Tab. 2 Biometrische Daten von Herrn Mustermann

Blutdruck	129/ 83 mmHg
Ruhepuls	63 Schläge pro Minute
Orthopädische und internistische Probleme	Keine
Ärztliche Behandlung	Keine
Einnahme von Medikamenten	Keine
Gesundheitliche Einschränkungen	Keine

Tab 3. Blutdruckklassifikation der American Heart Association

Wertung	Systolischer Blutdruck	Diastolischer Blutdruck
	Normblutdruck (Normotonie)	
optimal	Unter 120 mmHg	Unter 80 mmHg
normal	Unter 130 mmHg	Unter 85 mmHg
hochnormal	130 – 139 mmHg	85 – 89 mmHg
	Bluthochdruck (arterielle Hypertonie)	
Stufe 1	140 – 159 mmHg	90 – 99 mmHg

| Stufe 2 | 160 – 179 mmHg | 100 – 109 mmHg |
| Stufe 3 | > 180 mmHg | > 110 mmHg |

Der Blutdruck von Herrn Mustermann ist nach Tab 3. als normal einzustufen. Da Herr Mustermann keine Medikamente nimmt, in keiner ärztlichen Behandlung ist und keine orthopädischen, sowie internistischen Probleme hat, gibt es für ihn keine Einschränkungen in der Belastbarkeit und Trainierbarkeit.

1.2 Krafttestung

Mit Herrn Mustermann wird ein Mehrwiederholungskrafttest (X-RM-Test) durchgeführt, um einen auf von ihn abgestimmten Trainingsplan zu erstellen. Der Vorteil dieser Methode ist, dass man das maximale Trainingsgewicht für die bestimmte Wiederholungszahl herausfindet, mit der der Sportler im Anschluss auch weiter trainieren kann (in diesem Fall 12 Wiederholungen). Da Herr Mustermann schon Krafttrainingserfahrung hat, ist eine Eingewöhnungsphase nicht nötig.

Tab. 4: Aufwärmphase für den methodischen Ablauf des Mehrwiederholungkraftstests zur Ermittlung der 12-RM bei den trainingsrelevanten Übungen von Herrn Mustermann

| Aufwärmen | 5 min auf dem Crosstrainer auf der Intensitätsstufe 15 |
| Spezielles Aufwärmen | 3 Sätze am Gerät / an der Hantel mit 50% des Startgewichts vom 1. Satz

Satzpause: 60 Sekunden |

Nach der Aufwärmphase erfolgt dann der Mehrwiederholungskrafttest mit 12-RM.
Die Satzpause wurde auf 3 min und die TUT („time under tension" = Spannungsdauer) auf 1/0/1 festgelegt.

Tab. 5: Methodischer Ablauf des Mehrwiederholungkraftstests zur Ermittlung der 12-RM bei den trainingsrelevanten Übungen von Herrn Mustermann

Übung	1. Satz	2. Satz	3. Satz
LH-Rudern vorgebeugt (OG)	40 kg x 12 Wdh	45 kg x 12 Wdh	50 kg x 12 Wdh

4

Zug vertikal zut Brust am Kabelzug (OG)	50 kg x 12 Wdh	55 kg x 12 Wdh	60 kg x 12 Wdh
Kreuzheben	60kg x 12 Wdh	65 kg x 12 Wdh	70 kg x 12 Wdh
Kniebeugen	60kg x 12 Wdh	65 kg x 12 wdh	70 kg x 12 Wdh
LH-Bankdrücken	50 kg x 12 Wdh	55 kg x 12 Wdh	60 kg x 12 Wdh
KH-Schrägbankdrücken	20 kg x 12 Wdh	22,5 kg x 12 Wdh	25 kg x 12 Wdh
LH-Nackendrücken	30kg x 12 Wdh	35 kg x 12 Wdh	40 kg x 12 Wdh
Armstrecken am Kabelzug	30 kg x 12 Wdh	35 kg x 12 Wdh	40 kg x 12 Wdh
KH-Armbeugen	10 kg x 12 Wdh	12,5 kg x 12 Wdh	15 kg x 12 Wdh
Rumpfbeugen an der Bauchmaschine	40 kg x 12 Wdh	45 kg x 12 Wdh	50 kg x 12 Wdh

Wdh = Wiederholung

LH = Langhantel

KH = Kurzhantel

Die Möglichkeit des interindividuellen Leistungsvergleichs mit Norm- bzw. Referenzwerten ist mit der X-RM-Methode nicht gegeben, da es zu viele Einfluss- und Störfaktoren existieren. Im Gegensatz dazu ist zur Dokumentation der Leistungsentwicklung zu sagen, dass bei genauer Standardisierung der Testrahmenbedingungen, des Testablaufs und der Testmethodik ein Mehrwiederholungskrafttest als Instrument zum intraindividuellen Leistungsvergleich dienen kann (z. B. Eignungstest -> Re-Test).

Die Möglichkeit der Ableitung von Trainingsintensitäten ist mit der ILB-Methode (Individuelle-Leistungsbild-Methode) gesichert, da der X-RM-Krafttest ein Bestandteil der ILB Methode ist. Die ILB-Methode besteht aus einer Orientierungsphase und einer anschließenden X-RM-Krafttestung, wovon dann aus den herauskommenden Werten, die Trainingsintensität errechnet werden kann, die für den weiteren Trainingsverlauf ausschlaggebend sind (Zimmer, 1999, Eifler 2000). Mithilfe der ILB-Methode kann man auch die Leistungsstufe des Sportlers (in unserem Fall von Herrn Mustermann) bestimmen (vgl. Tab 4.)

Tab.6: Grobraster zur Trainingsplanung nach der ILB-Methode (Eifler 2000; Strack & Eifler; 2005)

Leistungs-stufe	Zeitstufe (Monate)	Organisati-onsform	Einheiten/ Woche	Übungen/ Muskel	Sätze/ Übungen	Intensität in % ILB
Orientie-rungsstufe	0-1,5	GK	2	1-2	1-2	gering
Beginner	1,5-6	GK	2	1-2	1-2	50-70

Geübter	6-12	GK	2-3	1-2	2	60-80
Fortge-schrittener	>12	GK/ Split	3-4	1-3	2-3	70-90
Leistungs-trainieren-der	>36	GK/ Split	3-6	1-4	2-4	90-100

GK = Ganzkörpertraining

Split = Split-Training

2   Zielsetzung/ Prognose

Tab. 7: Zielsetzung/ Prognose von Herrn Mustermann

Muskelaufbau	2 kg an fettfreier Masse	In 6 Monaten
Kraftzuwachs beim LH Ru-dern	40% mehr Kraft	In 6 Monaten
Senkung des Blutdrucks	Auf 120 / 80 mmhg	In 6 Monaten

Herr Mustermann möchte für den Sommerurlaub einen muskulösen Körper haben, anhand seiner biometrischen Daten steht ihm ein intensives Muskelaufbautraining nichts im wege.

Herr Mustermann sitzt als Student sehr viel, sei es in der Universität oder zuhause beim Lernen, deswegen will Herr Mustermann präventiv seinen Rücken kräftigen, um eventuelle Rückenleiden in der Zukunft entgegenzuwirken. Dies bewerkstelligt er mit der Übung vorgebeugtes LH-Rudern.

Der Blutdruck von Herrn Mustermann wurde mit 129 / 83 mmHg anfangs als normal eingestuft, doch auch hier will Herr Mustermann den Blutdruck präventiv senken, da er schon knapp an der Grenze zum hochnormalen Blutdruck steht.

3   Trainingsplanung Makrozyklus

Aus den vorherigen gesammelten Daten von Herrn Mustermann wurde der nachfolgende Makrozyklus erstellt.

Tab. 8: Makrozyklusplanung für Herrn Mustermann: deduktiver trainingsmethodischer Ansatz auf der Basis eines X-RM-Tests (hier: ILB-Methode)

Trainingsziel	Kraftausdauer-training	Muskelaufbau-training (extensiv)	Muskelaufbau-training (intensiv)	Maximalkrafttraining (extensiv)
Mesozyklus-dauer	6 Wochen	8 Wochen	8 Wochen	6 Wochen
Organisations-form	GK/Circuit	GK/ Station	GK/ Station	GK/ Station
Einheiten pro Woche	3	3	3	3
Übungen/ Muskelgruppe	2 Große Muskelgruppen 1 Kleine Muskelgruppe	2 Große Muskelgruppen 1 Kleine Muskelgruppe	2 Große Muskelgruppen 1 Kleine Muskelgruppe	2 Große Muskelgruppen 1 Kleine Muskelgruppe
Sätze/ Übungen	3 Circuit	3	3	3
Wdh	15	12	8	5
Satzpausen	60 Sekunden	60 Sekunden	60 Sekunden	90 Sekunden
Intensität	70% ILB	75% ILB	75% des ILB	70% ILB
Bewegungs-tempo TUT	2/0/2	2/0/1	2/0/1	1/0/1

Station = Stationstraining

Circuit = Zirkeltraininig

70 %/ 75% des maximalen Gewichtes für die jeweilige Wiederholungszahl des Mesozyklus (ermittelt mit dem ILB-Test)

Begründung zur Wahl der übergeordneten Trainingsmethode

Herr Mustermann bekam die ILB Methode zugeschrieben, da „ (…) der Körper nicht über das ganze Jahr und in allen Trainingseinheiten maximal (Serien bis zur muskulären Erschöpfung; d Verf.) belastet werden kann." (Kempf & Strack, 2001, 41). Somit vermeidet man eine Überbelastung bzw. ein Übertraining und sichert eine kontinuierliche und langfristige Leistungssteigerung.

Begründung Belastungsparameter

Der Belastungsparameter Einheiten/ Woche wird durch die Anzahl an Belastungsreizen pro Zeiteinheit bestimmt. Wirth et al. (2007) fanden in einer Studie heraus, dass es schon nach einer Krafttrainingseinheit Effekte zeigen würde, jedoch waren die Effekte deutlich höher bei zwei oder drei Trainingseinheiten in der Woche. Deswegen trainiert Herr Mustermann mit drei Trainingseinheiten die Woche, die passend zu seiner zu verfügbaren Zeit steht.

Der Belastungsparameter Übung/ Sätze wurde mit drei Sätzen pro Übung bestimmt, da die meisten Studien eine Überlegenheit des Mehrsatz-Trainings im Hinblick auf die Kraftentwicklung haben, als Einsatz-Trainings (Buskies & Boeckh-Behrens, 2009; Greiwing & Freiwald, 2005; Humburg; 2005; Kraemer, 1997, Marx et al., 2001; Paulsen et al., 2003; Pearson, Feigenbaum, Conley & Kraemer, 2000; Sanborn et al. 2000; Schlumberger et al., 2001). Ein weiter Grund wieso nur drei Sätze/ Übung sowie auch zwei bzw eine Übung/ Muskelgruppe gewählt wurde liegt darin, dass es aufgrund der energetischen Ermüdung der Muskulatur zu Regression der Wiederholungszahl von Satz zu Satz kommen kann. Um dies zu vermeiden ist die Anzahl der Übungen pro Muskelgruppe sowie die Anzahl an Sätzen pro Übung bei Herrn Mustermann auf maximal drei festgelegt worden.

Die Intensität wurde anhand des Trainingsalters im Grobraster zur Trainingsplanung nach der ILB-Methode bestimmt (vgl Tab 4.) Hier wird für einen Sportler mit über 12 Monaten, aber unter 36 Monaten Trainingserfahrung eine Intensität von 70-90% geraten. Im Mesozyklus – Kraftausdauer sowie im Mesozyklus - Maximalkraft wurde die Intenstiät auf 70% bestimmt, weil alle zwei Wochen die Intensität um 10% gesteigert wird. Bei dem Mesozyklus – Muskelaufbau (extensiv als auch intensiv) wurde die Intensität auf 75% bestimmt, da hier ebenfalls alle zwei Wochen die Intensität gesteigert wird, nur in diesem Fall statt 10% lediglich 5%, sodass am Ende eines Mesozyklus auf den maximalen 90% trainiert wird.

Begründung Organisationsform:

Die Makrozyklusplanung wurde auf der Basis eines Ganzkörpertrainings bestimmt, da dieser Ideal zu dem zeitlichen Verfügungsrahmen und seiner Leistungsvorraussetzung passt.

Im ersten Mesozyklus trainiert Herr Mustermann ein Ganzkörper-Zirkeltraining auf der Basis der Kraftausdauer. Dies wurde so gewählt das Herr Mustermann einen neuen Belastungsreiz zu Anpassungsprozessen bekommt, da er zuvor ohne Trainingsplanung trainiert hat. Hinzu kommt das durch die Kraftausdauerkomponente sein Enzymgehalt und seine Pufferkapazität im Muskel verbessert wird (Fröhlich, 2003). Diese Verbesserungen optimieren den weiteren Verlauf der Kraftsteigerung bei den anderen Mesozyklen.

In den weiteren drei Mesozyklen trainiert Herr Mustermann ein Ganzkörper-Stationstraining auf der Basis der Hypertrophie bzw Maximalkraft. Der Grund für ein Stationstraining ist die effektive herangehensweise, weil ein Muskel/ eine Muskelgruppe innerhalb einer kurzen Zeitpanne sehr intensiv beansprucht werden kann. Außerdem kann durch ein Stationstraining eine Pause zur vollständigen Wiederherstellung garantiert werden, welche für ein Hyperthrophietraining und Maximalkrafttraining empfehlenswert ist (Güllich & Schmidtbleicher, 1999).

Begründung Periodisierung

Der Makrozyklus von Herrn Mustermann ist auf der Basis einer Blockperiodisierung aufgebaut. Die einzelnen Mesozyklen (Kraftausdauer, Muskelaufbau extensiv, Muskelaufbau intensiv, Maximalkraft) wurden auf sechs bis acht Wochen terminiert, da erst nach dieser Zeit der Hypertrophieprozess bzw. die Muskelquerschnittsvergrößerung dem Koordinationsprozess obliegt. (Fleck & Kraemer, 2004; Moritani, 1994). Das Ziel einer Blockperiodisierung ist die Maximierung der Kraftleistung, die mit den Trainingszielen von Herrn Mustermann übereinstimmen (Kraemer & Fleck, 2007). Aus diesem Grund wurde für Herrn Mustermann eine Blockperiodisierung gewählt.

4   Trainingsplanung Mesozyklus

Tab.9: Mesozyklusplanung für Herrn Mustermann auf Basis des 12-RM

Muskelaufbautraining (extensiv)	
Zyklusdauer	8 Wochen
Trainingseinheiten pro Woche	3
Organisationsform	Station

9

Übung pro Muskelgruppe	2 bei Großen Muskelgruppen
	1 bei kleinen Muskelgruppen
Sätze pro Übung	3
Satzpausen	60 Sekunden
Wiederholungszahl	12 Wdh
Intensität	75% ILB
Bewegungstempo (TUT)	2/0/1

Tab.10: Übungsauswahl für ein Ganzkörpertraining

Ganzkörpertraining
• LH-Rudern vorgebeugt (OG)
• Zug vertikal zur Brust am Kabelzug (OG)
• Kreuzheben
• Kniebeuge
• LH-Bankdrücken
• KH-Schrägbankdrücken
• LH-Nackendrücken
• KH-Armbeugen
• Armstrecken am Kabelzug
• Rumpfbeugen an der Bauchmaschine

Der Schwerpunkt meiner Übungsauswahl liegt bei den freien Gewichten, da hier grundsätzlich mehr Muskelmasse arbeitet, so dass auch die metabolischen Effekte höher sind als bei einem geführten Maschinentraining (Haff, 2000). Zu dem zeigt sich ein Training mit freien Gewichten im Hinblick auf die Steigerung der Kraftfähigkeit gegenüber dem Training an geführten Maschinen als überlegen (Stone, Collins, Plisk, Haff & Stone, 2000).

Ein weiterer Schwerpunkt meiner Übungsauswahl ist die Priorität auf die Rückenmuskulatur, da Herr Mustermann diese präventiv kräftigen wollte. Deswegen sind die ersten drei Übungen für die Rückenmuskulatur, da die größtmögliche energetische und zentralnervöse Leistungsfähigkeit am Anfang einer Trainingseinheit existiert.

Unter anderem dominieren auch mehrgelenkige vor eingelenkige Übungen, weil diese auf Altags-, Berufs, und sportspezifische Bewegungsanforderungen besser übertragbar sind (Hois & Ziegner, 2006)

10

Tab. 11: Begründung der Übungsauswahl

Übung	Beanspruchte Muskulatur	Nutzen der Übung	Warum diese Übung?
LH-Rudern vorgebeugt (OG)	Dynamnisch: m. latissimus dorsi m. teres major m. trapezius pars transverta m. rhomboidei m. deltoideus pars spinata m. biceps brachii m. brachialis m brachioradialis Statisch: m. trapezius, pars ascendens und pars descendens m. erector spinae	Präventive Kräftigung der Rückenmuskulatur (Trainingsziel)	Grundübung, freies Gewicht, Hohe Testosteronausschüttung
Zug vertikal zur Brust am Kabelzug (OG)	Dynamisch: m. latissimus dorsi m. trapezius pars ascendens m deltoideus pars spinata m. biceps brachii m. brachialis m brachioradialis Statisch: m. trapezius pars descendens und pars transversa mm. rhomboidei m. supraspinatus m infraspinatus m erector spinae	Präventive Kräftigung der Rückenmuskulatur (Trainingsziel)	Variation einer Grundübung, freies Gewicht, Hohe Testosteronausschüttung

11

Kreuzheben	Dynamisch: m. erector spinae m. quadriceps femoris m. glutaeus maximus m biceps femoris m. semitendinosus m. semimembranus Statisch: m. erector spinae m. trapezius mm. rhomboidei m. deltoideus	Präventive Kräftigung der Rückenmuskulatur (Trainingsziel)	Grundübung, freies Gewicht, Hohe Testosteronausschüttung
Kniebeuge (Gewicht hinten)	Dynamisch: m. quadrizeps femoris m. biceps femoris m gluteus maximus m semimembranosus m. semitendinosus Statisch: alle Abduktoren alle Aduktoren m. erector spinae	Kräftigung der Beinmuskulatur für Alltagsbedingungen (z. B. Treppen steigen)	Grundübung, freies Gewicht, Hohe Testosteronausschüttung
LH-Bankdrücken	Dynamisch: m. pectoralis major m. triceps brachii m deltoideus pars clavicularis Statisch: m. trapezius	Ästhetischer Nutzen (Trainingsmotiv: Strandfigur)	Grundübung, freies Gewicht, Hohe Testosteronausschüttung

KH-Schrägbankdrücken	m. pectoralis major m. triceps brachii m deltoideus pars clavicularis Statiscch: m. trapezius	Ästhetischer Nutzen (Trainingsmotiv: Strandfigur)	Variation einer Grundübung, freies Gewicht, koordinativ anspruchsvoller als LH-Bankdrücken, Hohe Testosteronausschüttung
	Dynamisch: m. deltoideus pars clavicularis m. triceps brachii		
LH-Nackendrücken	Statisch: m. trapezius, pars descendens und pars transversa m. levator scapulae m. rhomboidei m. serratus anterior m. supraspinatus m. infraspinatus m. teres minor	Kräftigung des Schultermuskels für schwere Lasten im Alltag über Kopf	Grundübung, freies Gewicht, Hohe Testosteronausschüttung
KH-Armbeugen	m. biceps brachii m. brachialis m brachioradialis	Kräftigung speziell des Oberarms	Freies Gewicht, höherer metabolischer Effekt als geführt an der Maschine
Armstrecken am Kabelzug	m. triceps brachii	Kräftigung speziell des Oberarms	Mehrdimensionale Bewegungsmuster in allen Bewegungsebenen
Rumpfbeugen an der Bauchmaschine	m. rectus abdominis m. obliquus externus abdominis m. obliquus internus abdominis m. transversus abdominis	Kräftigung der Bauchmuskulatur (Trainingsmotiv: Strandfigur)	Intensitätssteigerung für Hypertrophiesätze per Gewichtserhöhung leichter als bei funktionsgymnastischen Übungen

5 Literaturrecherche

Effekte des Krafttrainings bei Diabetes mellitus Typ-2

Tab. 12: Zwei Studien über die Effekte des Krafttrainings bei Diabetes Mellitus Typ-2

	1. Studie	2. Studie
Titel	A Randomized Controlled Trial of Resistance Exercise Training to Improve Glycemic Control in Older Adults With Type 2 Diabetes	Twice-Weekly Progressive Resistance Training Decreases Abdominal Fat and Improves Insulin Sensitivity in Older Men With Type 2 Diabetes
Autor	Castaneda, C., Layne, J. E., Munoz-Orians, L., Gordon, P. L. Walsmith, J., Foldvari, M. et al.	Ibañez, J., Izquierdo, M., I., Forga, L., Larrión, J. L., García-Unciti M. et al.
Jahr der Publikation	2002	2005
Versuchspersonen	62 ältere Menschen (40 Frauen und 22 Männer (Alter 66 +/- 8 Jahr) mit Diabetis mellitus Typ 2	9 ältere Männer (Alter 66,6+/- 3,1Jahre) mit Diabetis mellitus Typ 2
Versuchsdauer	16 Wochen	16 Wochen
Anzahl der Trainingseinheiten pro Woche	3	2
Versuchsaufbau	Die Versuchspersonen wurden zufällig in zwei Gruppen zugeordnet (in eine Gruppe mit hochintensives, progressives Krafttraining und in eine Kontrollgruppe) Es wurden Blutzuckerkonzentration, Auffälligkeiten des	Die Versuchspersonen absolvieren 16 Wochen lang ein überwachtes PRT (50-80% des 1-RM) für alle Hauptmuskelgruppen. Für den Versuch wurden die basale Glykämie, HbA1c, gewohnheitsmäßige körperliche

	metabolischen Syndroms, Körperzusammensetzung und Glykogenspeicher im Muskel vor und nach dem Versuchsablauf gemessen.	Aktivität, Körperzusammensetzung und obere / untere maximalkraft gemessen. Die insulinempfindlichkeit wurde nach dem Minimalmodell von Bergman bestimmt. Das Bauchfett wurde durch Computertomographie getestet. Die Messungen wurden 4 wochen vor dem Training, unmittelbar vor dem Training und in 8-Wochen-Intervallen (dh.in der 8. und 16.Woche) gemacht.
Ergebnisse	Sechzehn Wochen PRT (dreimal pro Woche) führte zu reduzierten glykosylierten Hämoglobinwerte im Plasma (von $8{,}7 \pm 0{,}3$ auf $7{,}6 \pm 0{,}2\%$), erhöhte Glykogenspeicher (von $60{,}3 \pm 3{,}9$ auf $79{,}1 \pm 5{,}0$ mmol Glucose / kg Muskel) und reduziert die Dosis der vorgeschriebenen Diabetes-Medikamente bei 72% der Trainierenden im Vergleich zur Kontrollgruppe, $p = 0{,}004$-$0{,}05$. Die Kontrollgruppe zeigt keine Veränderung bei den glykosylierten Hämoglobinwerte, eine Verringerung des Muskelglykogens (von $61{,}4 \pm 7{,}7$ auf $47{,}2 \pm 6{,}7$ mmol Glucose / kg Muskel) und einen Anstieg um 42% in der Einnahme von Diabetes-Medikamenten. Gegenüber der Kontrollgruppe erhöhte sich die Magermasse bei der PRT-Gruppe [(PRT)$1{,}2 \pm 0{,}2$ vs. (CG) $-0{,}1 \pm 0{,}1$ kg], reduziert den systolischen Blutdruck [	In den 4 wochen vor der Trainingsphase (Kontrollperiode) wurden keine signifikanten Veränderungen in einer der oben aufgelisteten Parameter festgestellt. Nach dem 16 wöchigem PRT stiegen die Maximalkraftwerte beider Arme um 17,1 und beider Beine um 18,2%. Das viszerale- und subkutane Bauchfett sank deutlich um 10,3% (von $249{,}5 \pm 97{,}9$ auf $225{,}6 \pm 96{,}6$ cm3, $p < 0{,}01$) während die Körpermasse sich nicht verändert hat. Das PRT lies die Insulinsensibilität deutlich ansteigen (von $2{,}0 \pm 1{,}2$ auf $2{,}8 \pm 1{,}6 \cdot 104 \cdot$ min-1 & mgr; U-1 · ml-1, P $<0{,}01$) während der Nüchternblutzucker deutlich zurückgegangen ist (von $146{,}6 \pm 28{,}3$ auf $135{,}0 \pm 29{,}3$ mg / dl). Auch bei der Energieaufnahme kam es zu einem Anstieg (von $2.287{,}1 \pm 354{,}7$ auf $2.619{,}0 \pm 472{,}1$ kcal / Tag, P $<0{,}05$)

| | (PRT) -9,7 ± 1,6 vs. (CG) 7,7 ± 1,9 mmHg) und verminderte Stamm Fettmasse [(PRT) - 0,7 ± 0,1 vs. (CG) 0,8 ± 0,1 kg; P = 0,01 auf 0,05). | |
| Schlussfolgerung | Diese Studie zeigt zum ersten Mal, dass hochintensives PRT wirksam bei der Behandlung von Diabetes bei Hochrisikopopulation älterer Menschen mit schlechter glykämischer Kontrolle ist. | Zwei PRT-Einheiten pro Woche, ohne gleichzeit eine Diät zu machen, verbessert die Insulsensbilität, den Nüchternblutzucker und verringert das Bauchfett bei älteren Männern mit Typ 2 Diabetes. |

PRT = progressive resistance training

CG = control group

6 Literaturverzeichnis

American Diabetes Association (2015a). *A Randomized Controlled Trial of Resistance Exercise Training to Improve Glycemic Control in Older Adults With Type 2 Diabetes.* Zugriff am 20.10.2015. Verfügbar unter http://care.diabetesjournals.org/content/25/12/2335.short

American Diabetes Association (2015b). *Twice-Weekly Progressive Resistance Training Decreases Abdominal Fat and Improves Insulin Sensitivity in Older Men With Type 2 Diabetes.* Zugriff am 20.10.2015. Verfügbar unter http://care.diabetesjournals.org/content/28/3/662.short

Buskies, W. & Boeckh-Behrens, W.-U. (2009). *Fitness-Gesundheitstraining. Die besten Übungen und Programme für das ganze Leben* (Bd. 61084,). Reinbeck bei Hamburg: Rowohlt.

Eifler, C. (2000). Krafttraining nach der ILB-Methode – *Eine empirische Überprüfung der Trainingseffekte bei Anfängern und Fortgeschrittenen.* Unveröffentlichte Diplomarbeit, Universität des Saarlandes. Saarbrücken.

Fleck, S. J. (1994). Kardiovaskuläre Reaktionen und Adaptionen während Kraftbelastungen. In P. V. Komi (Hrsg), *Kraft und Schnellkraft im Sport.* Köln: Deutscher Ärzte-Verlag.

Fröhlich, M. (2003). Eine empirische Studie zur Methodik des Kraftausdauertrainings (1. Aufl.) Göttingen: Cuvillier.

Fleck, S. J. & Kraemer, W. J. (2004) *Designing resistance training programs* (3. ed). Champaign, IL: Human Kinetics.

Greiwing, A. & Freiwald, J. (2005). Effects of three resistance training methods on maximal strength endurance and muscle thickness oft he m quadriceps femoris. In J. Gießing, M. Fröhlich & P. Preuss (Hrsg.), *Current results of strength training research* (S. 65-79). Göttingen: Cuviller.

Güllich, A. & Schmidtbleicher, D. (1999). Struktur der Kraftfähigkeiten und ihrer Trainingsmethoden. *Deutsche Zeitschrift für Sportmedizin*, 50 (7,8), 223 – 234.

Haff, G. G. (2000). Roundtable discussion: machines versus free weights. *Strength and Conditioning Journal*, 23 (1), 42 – 44.

Hois, G. & Ziegner, A. (2006). Grundlagen des mehrgelenkigen Trainings in Theorie und Praxis. *Bewegungstherapie und Gesundheitssport*, 22, 18 – 25.

Humburg, H. (2005). *1-Satz- vs. 3-Satz-Training. Die Auswirkung des Krafttrainingsvolumens auf die Maximalkraft, Kraftausdauer, Muskeldicke und neuronale Faktoren*. Dissertation, Universität Hamburg. Hamburg.

Kempf, H.-D., & Strack, A. (2001). *Der Hantel Krafttrainer*. Reinbek: Rowohlt.

Kraemer, W.J. (1997). A series of studies: The physiological basis for strength training in American football: fact over philosophy. *Journal of Strength and Condition Research*, 11 (3), 131- 142.

Kraemer, W. J. & Fleck, S. J. (2007) Optimizing strength training. *Designing nonlinear periodization workouts*. Champaign, Ill, Leeds: Human Kinetics.

Marx, J. O., Ratamess, N. a., Nindl, B. C., Gotshalk, L. A., Volek, J. S., Dohi, K. et al. (2001). Low-Volume circuit versus high volume periodizes resistance training in women. *Medicine and Science in Sports and Exercise*, 33 (4), 635 – 643.

Moritani, T. (1994). Die zeitliche Abfolge der Trainingsanpassungen im Verlauf eines Krafttrainings. In P. V. Komi (Hrsg), *Kraft und Schnellkraft im Sport* (S. 266-276). Köln: Deutscher Ärzte-Verlag.

Paulsen, G., Myklestad, D. & Raastad, T. (2003). The influence of volume of exercise on early adaptions to strength training. *Journal of Strength an Condition Reseach*, 17 (1) 115 – 120.

18

Pearson, D., Faigenbaum, A. D., Conley, M. & Kraemer W.J. (2000). The national strength and conditioning association's basic guidelines for the resistance training of athletes. *Strength and Conditioning Journal, 22* (4), 14 – 27.

Sanborn, K., Boros, R., Hruby, J., Schilling, B., O'Bryant, H. S. & Johnson, R. L. (2000). Short-term performance effects of weight training with multiple sets not to failure vs. a single set to failure in women. *Journal of Strenght an Conditioning Research, 14* (3), 328 – 331.

Schlumberger, A., Stec, J. & Schmidtbleicher, D. (2001). Single- vs. Multiple-set strength training in women. *Journal of Strength and Conditioning Research, 15* (3), 284 – 289.

Stone, M. H., Collins, D., Plisk, S., Haff, G. G. & Stone, M.E. (2000). Training principles: evalution of modes and methods of resistance training. *Strength and Conditioning Journal, 22* (3), 65 – 76.

Strack , A. & Eifler, C. (2005). The individual lifting performance method (ILP) – a practical method for fitness- and recreational strength training. In J. Gießing, M. Fröhlich & P. Preuss (Hrsg.), *Current Results of Strength Training Research – An empirical and theoretical Approach.* Göttingen: Cuviller.

Wirth, K., Aatzor, K. R. & Schmidtbleicher, D. (2007). Veränderungen der Muskelmasse in Abhängigkeit von Trainingshäufigkeit und Leistungsniveau. *Deutsche Zeitschrift für Sportmedizin, 58* (6), 178 – 183.

Zimmer, M. (1999) *Entwicklung und Erprobung eines Mehrwiederholungskrafttests zur Erfassung der Kraftleistung im Fitneß-Training.* Unveröffentlichte Diplomarbeit, Universität des Saarlandes. Saarbrücken.

7   Tabellenverzeichnis

BEI GRIN MACHT SICH IHR WISSEN BEZAHLT

- Wir veröffentlichen Ihre Hausarbeit,
  Bachelor- und Masterarbeit

- Ihr eigenes eBook und Buch -
  weltweit in allen wichtigen Shops

- Verdienen Sie an jedem Verkauf

Jetzt bei www.GRIN.com hochladen und kostenlos publizieren